Wahrnehmung räumlicher Beziehungen

Muster übertragen

1

2

AF638802

3

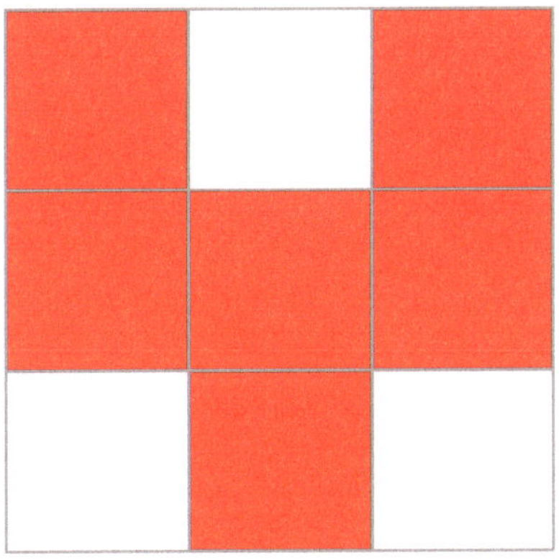

4

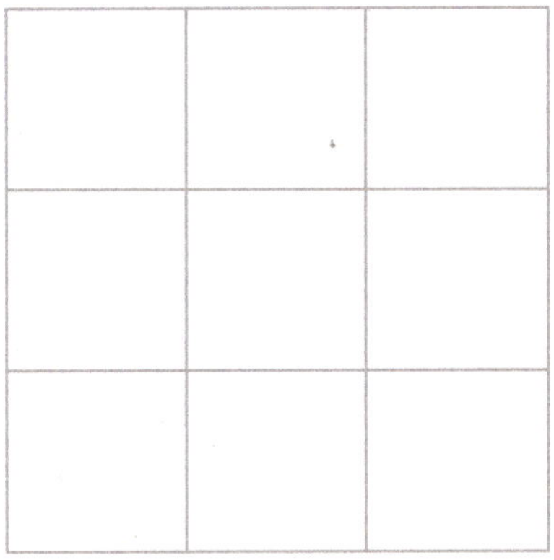

Muster jeweils von links nach rechts übertragen.

Figuren nachzeichnen am Punktefeld

1

2

3

4

Figuren freihand nachzeichnen.

Wahrnehmung räumlicher Beziehungen

Figuren nachzeichnen am Geobrett

1

2

3

4

Figuren am Geobrett nachspannen und freihand nachzeichnen.

Wahrnehmung räumlicher Beziehungen

Figuren nachzeichnen am Geobrett

1

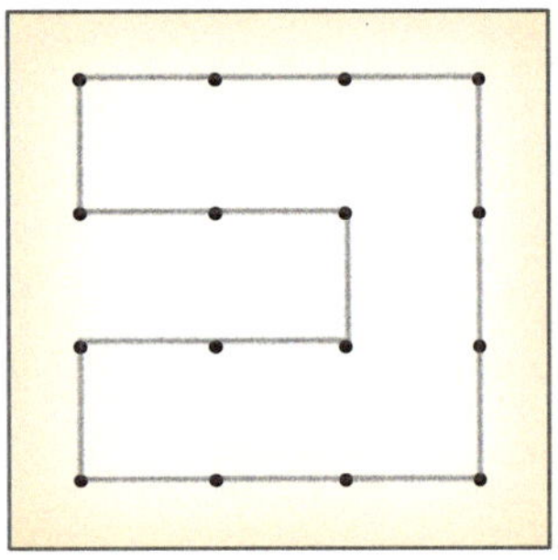

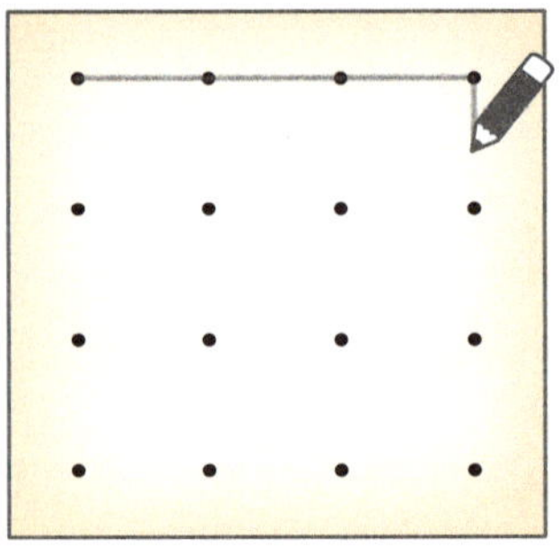

2

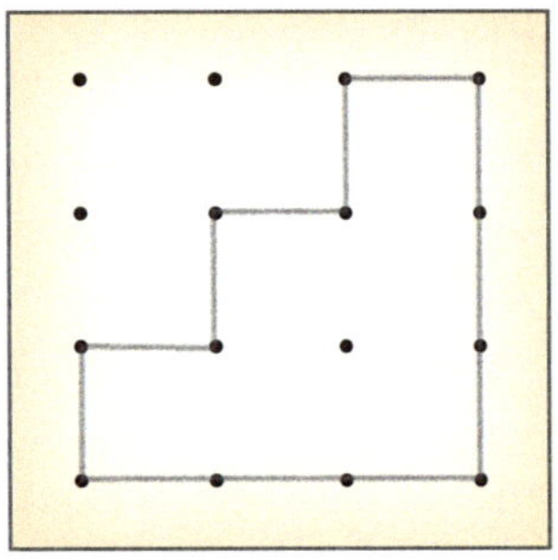

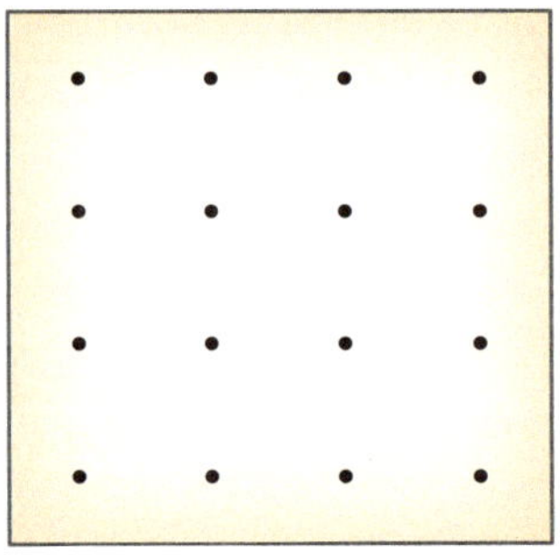

3

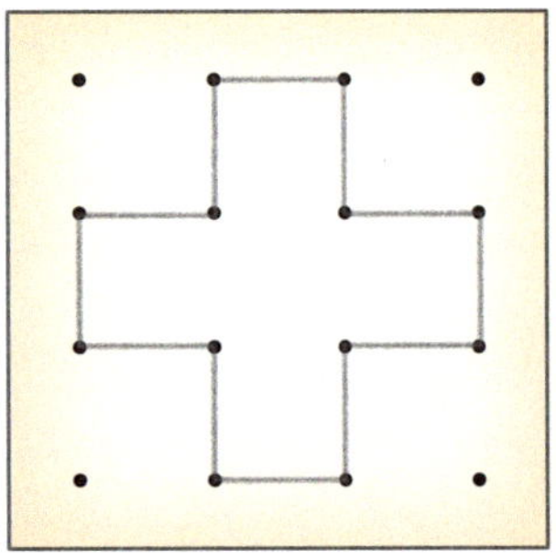

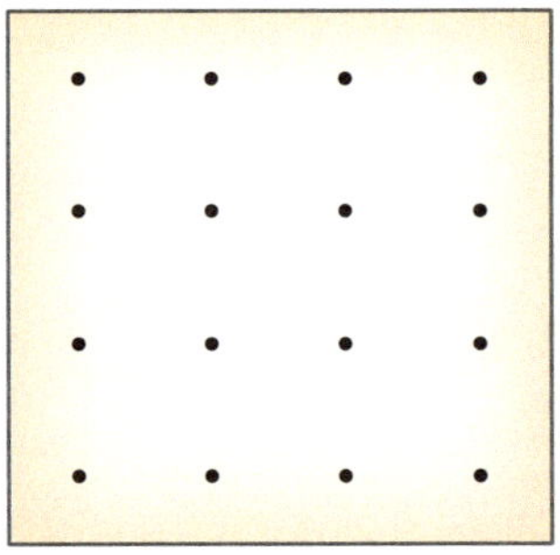

4

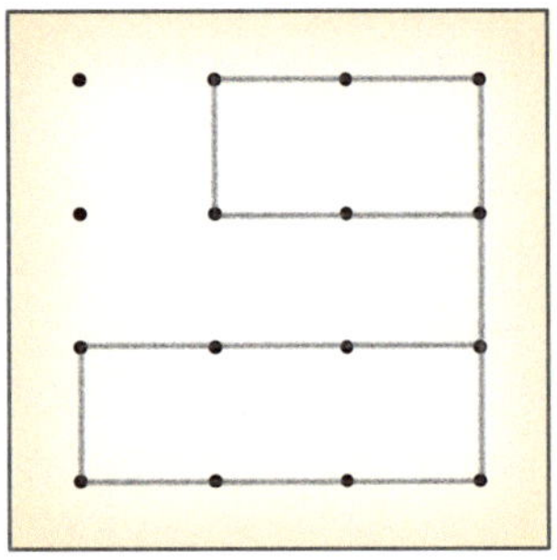

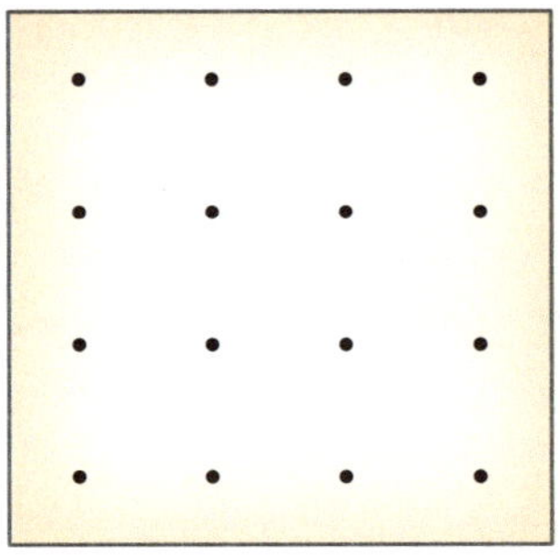

Figuren am Geobrett nachspannen und freihand nachzeichnen.

1

2

3

4

Gleiche Bilder ankreuzen.

Orientierung: Links – Rechts

Links

1 Welche Tiere laufen nach **links**? Kreuze an.

a)

b)

c)

d)

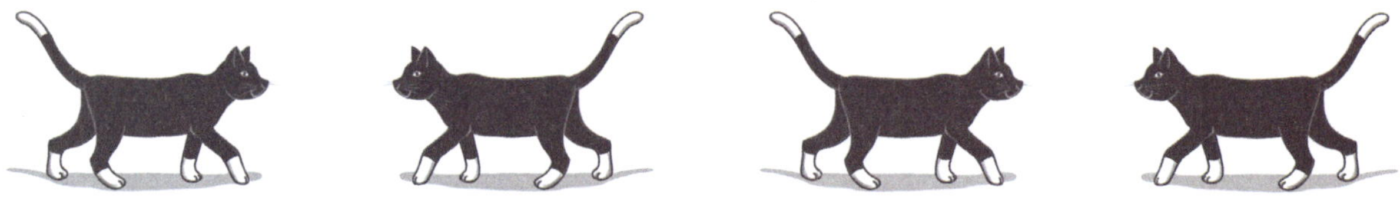

e)

QR-Code: Erklärvideo nutzen.
Nach links laufende Tiere ankreuzen.

1 Welche Tiere laufen nach **rechts**? Kreuze an.

a)
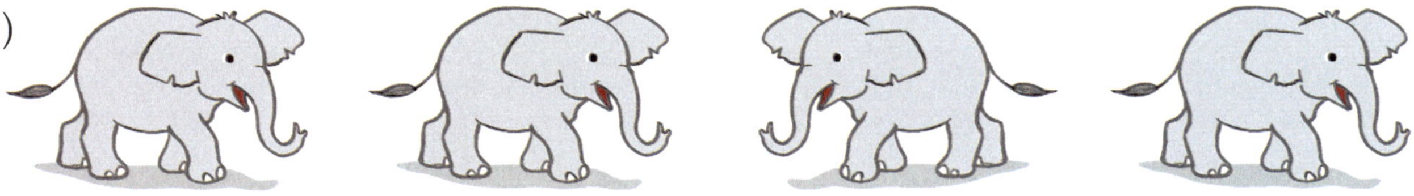

b)

c)

d)

e)

QR-Code: Erklärvideo nutzen.
Nach rechts laufende Tiere ankreuzen.

1 Was siehst du **links** vom Baum? Kreuze an.

 ☒

 ○

 ○

 ○

 ○

 ○

 ○

 ○

 ○

 ○

QR-Code: Erklärvideo nutzen.

1 Was siehst du **rechts** vom Baum? Kreuze an.

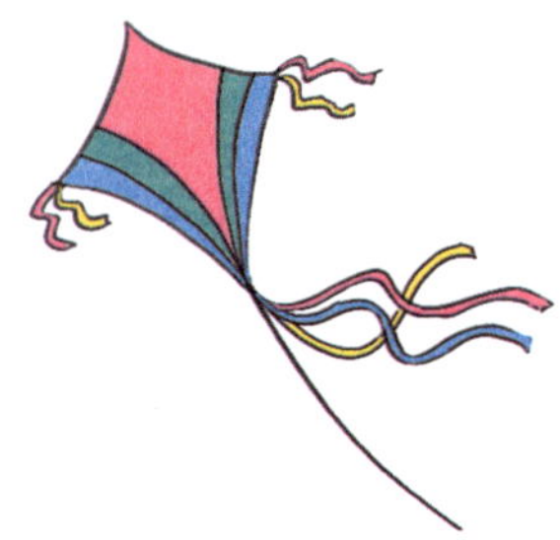

1

2

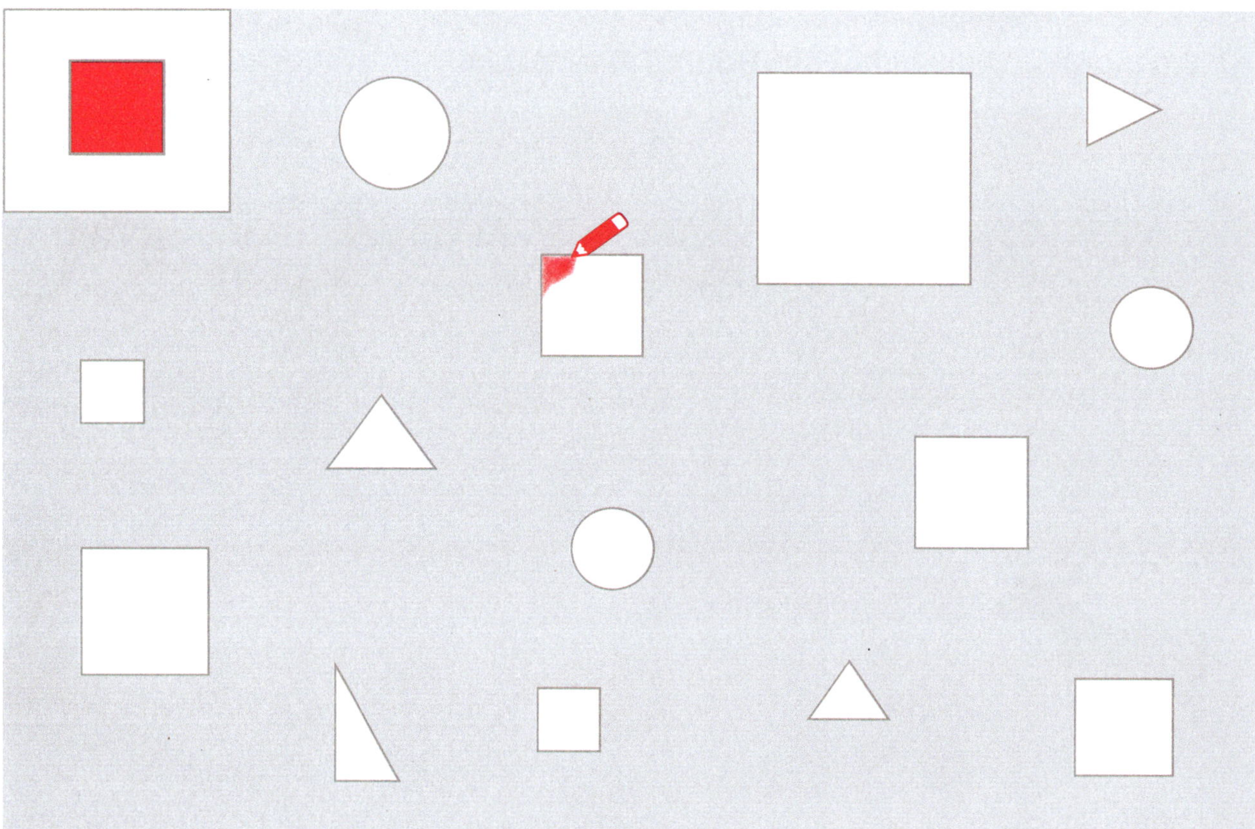

1 Alle Dreiecke anmalen.
2 Alle Quadrate anmalen.
Eigenschaften der Formen besprechen.

Kreis und Rechteck

1

2

1 Alle Kreise anmalen.
2 Alle Rechtecke anmalen.
Eigenschaften der Formen besprechen.

der Kreis | das Dreieck | das Quadrat | das Rechteck

1

2

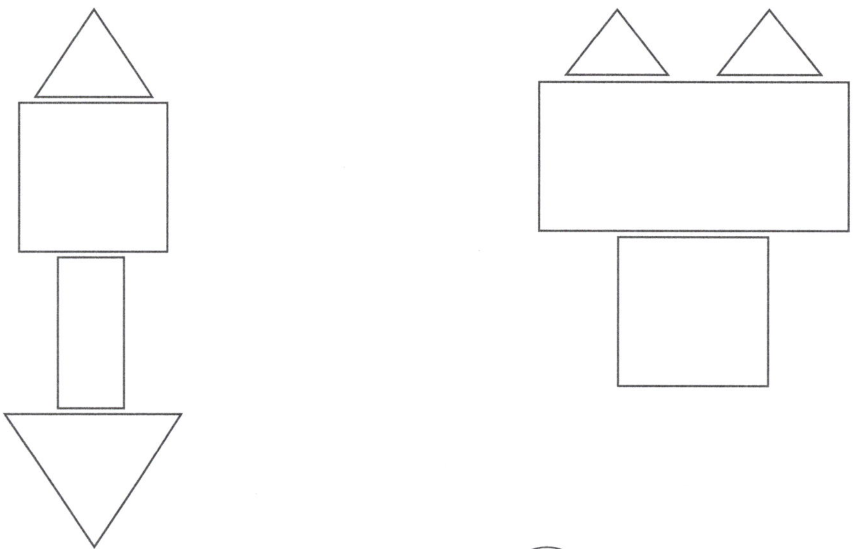

3

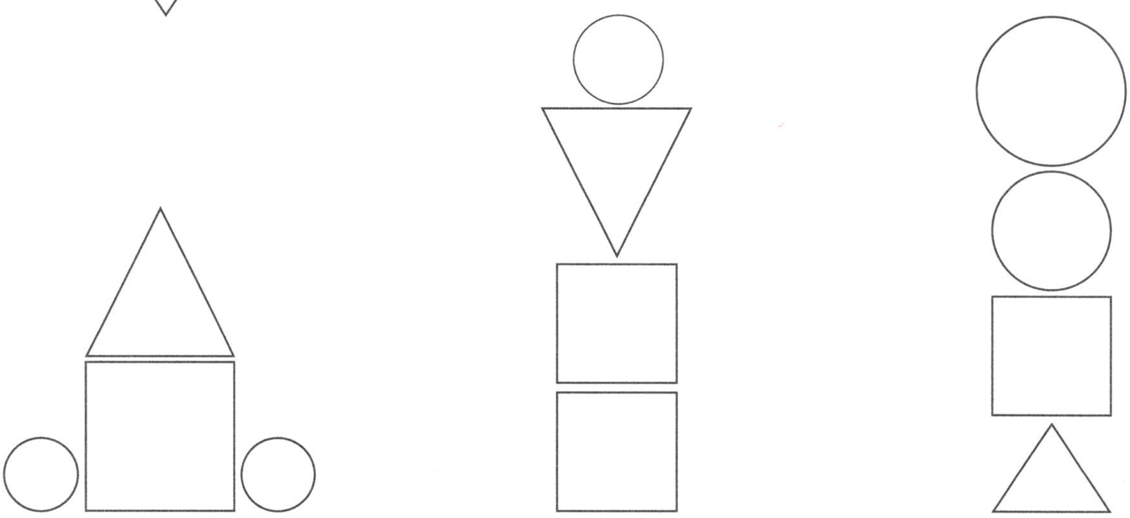

Formen benennen und anmalen.

der Kreis | das Dreieck | das Quadrat | das Rechteck

1

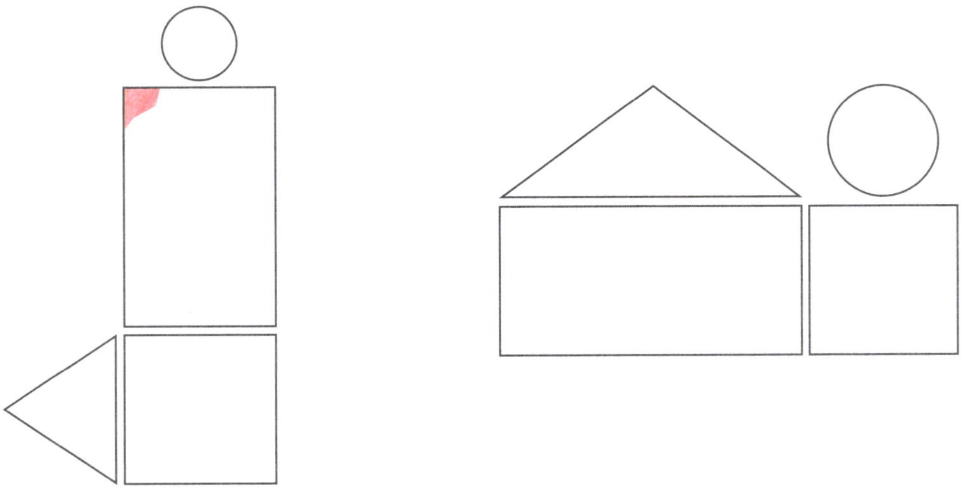

2

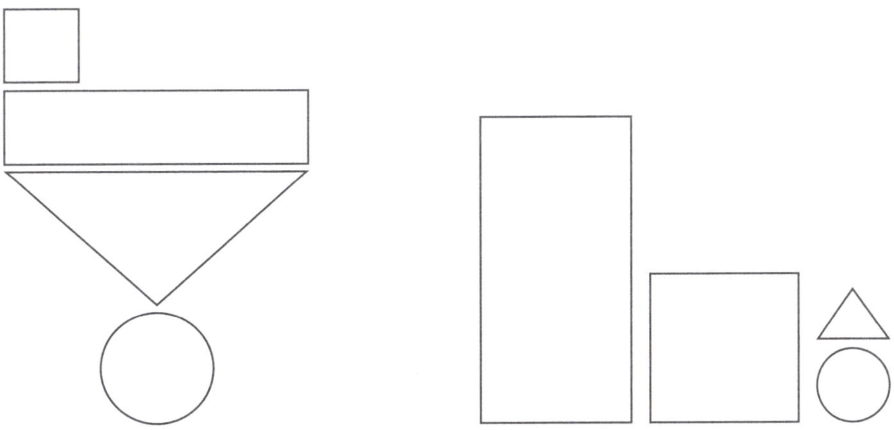

3

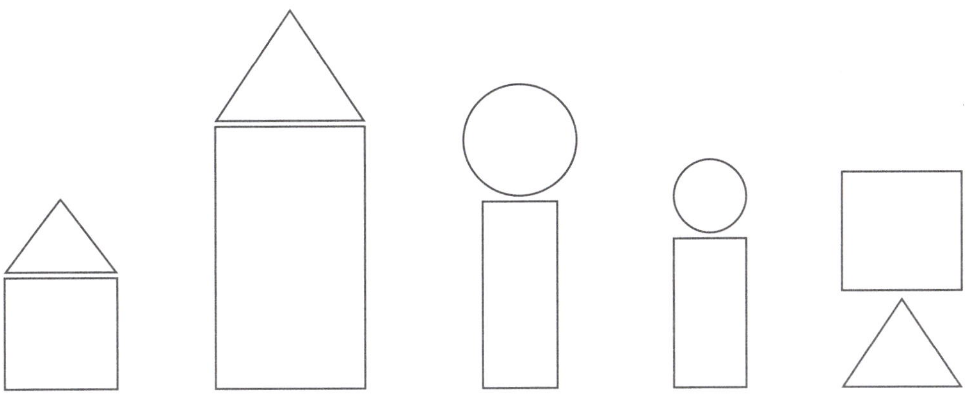

Formen benennen und anmalen.

1 Welche Form passt jeweils nicht? Streiche durch.

a) Dreiecke

b) Rechtecke

c) Quadrate

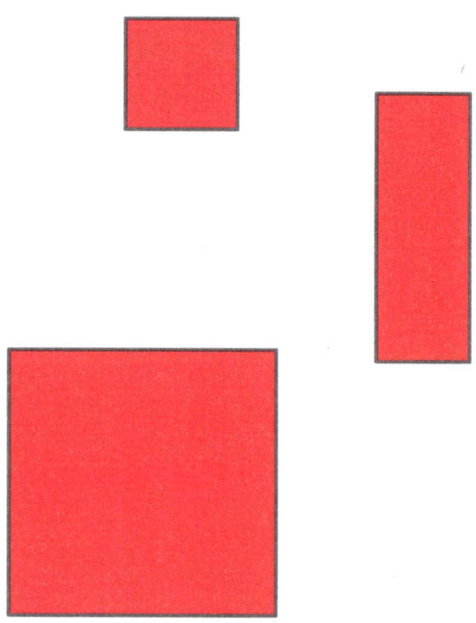

d) Kreise

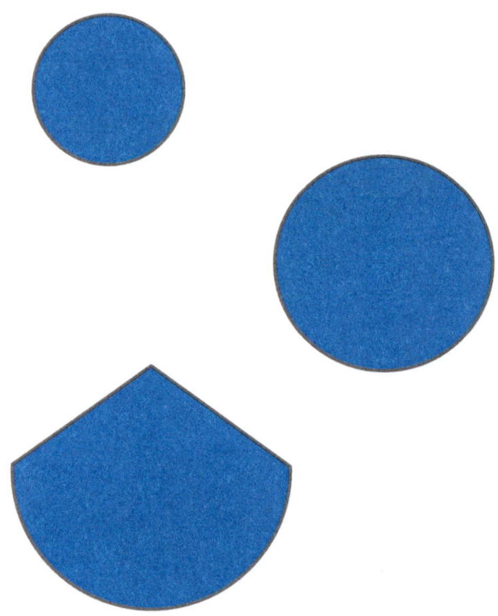

1

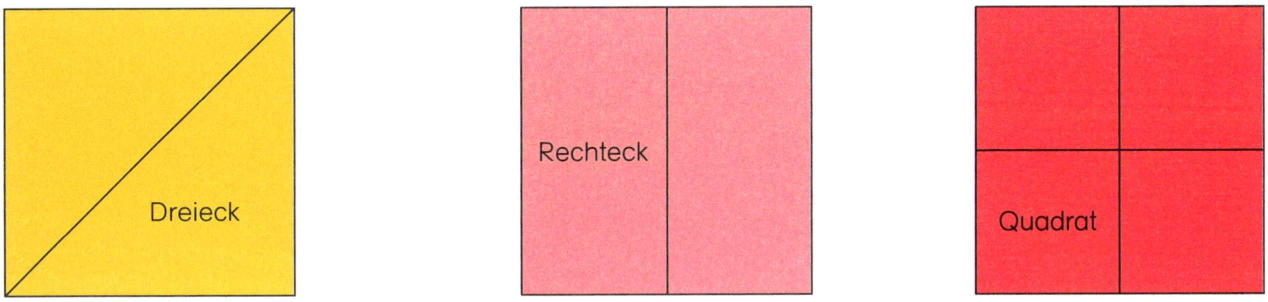

2 Lege die Figuren nach.

A

B

C

D

1 Formen herstellen. Exakt falten und schneiden.

1 Lege die Figuren nach.

A

B

C

D

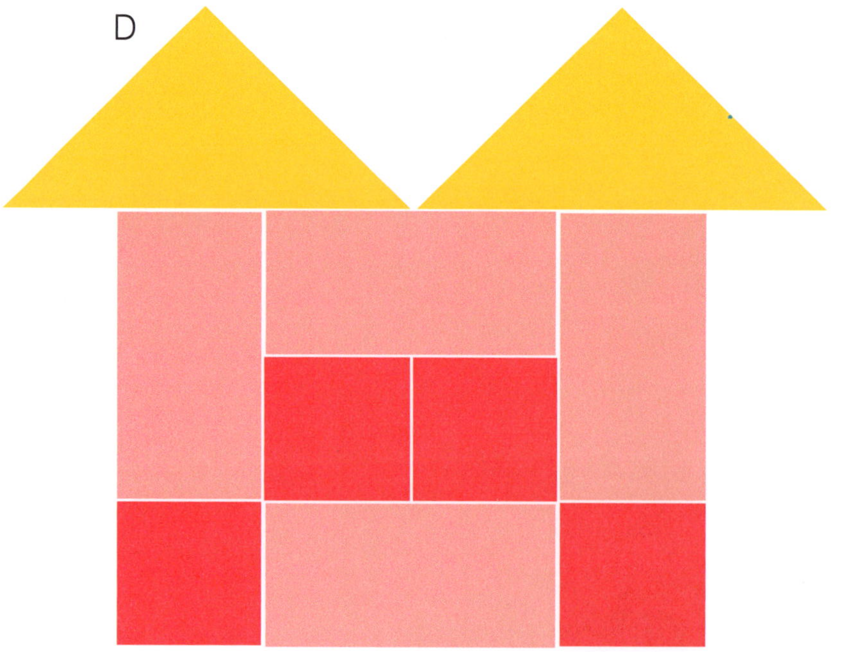

1 Kreise das Grundmuster immer ein.

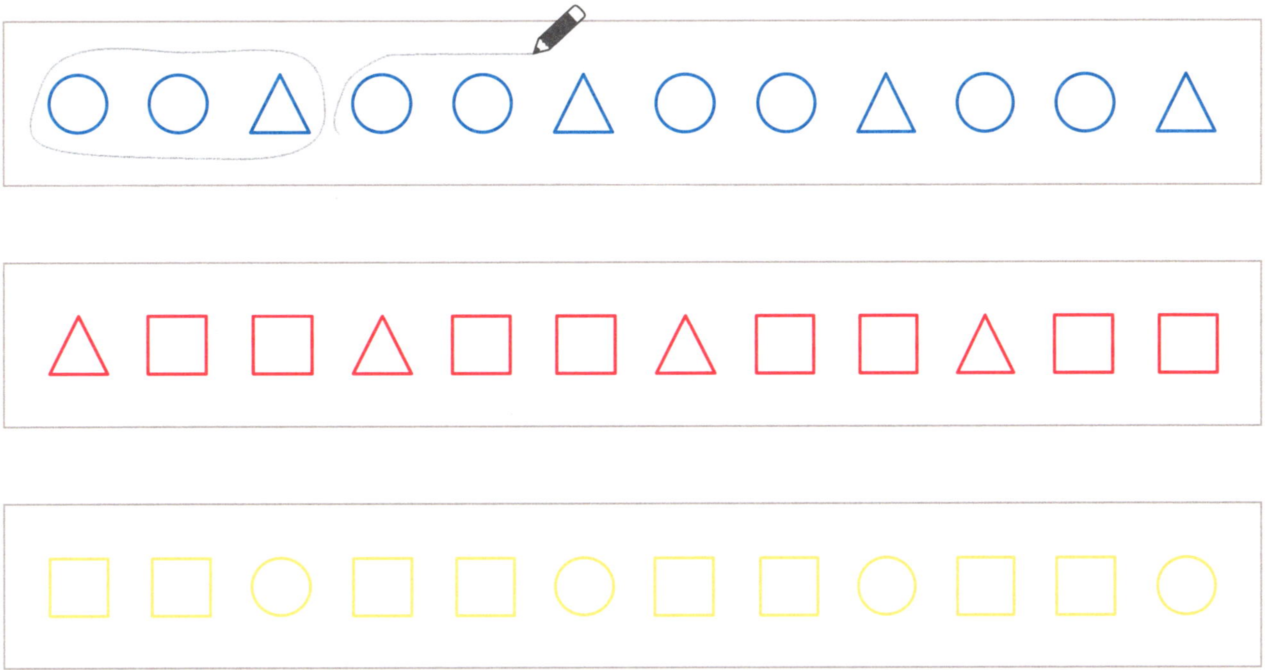

2

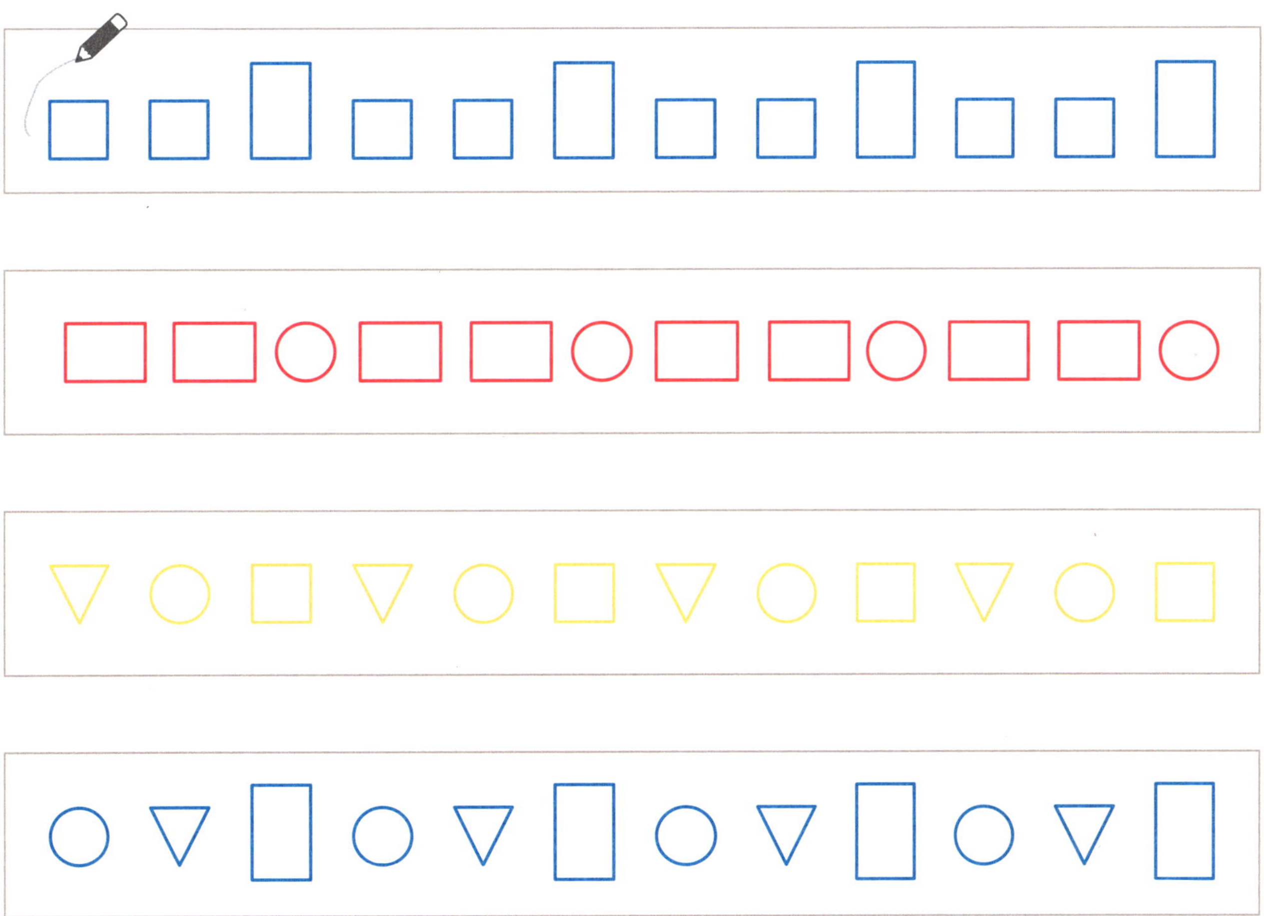

QR-Code: Erklärvideo nutzen.

1 Kreise erst das Grundmuster ein. Setze fort.

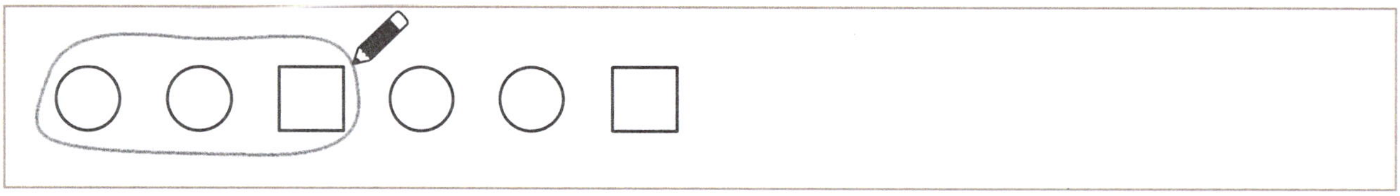

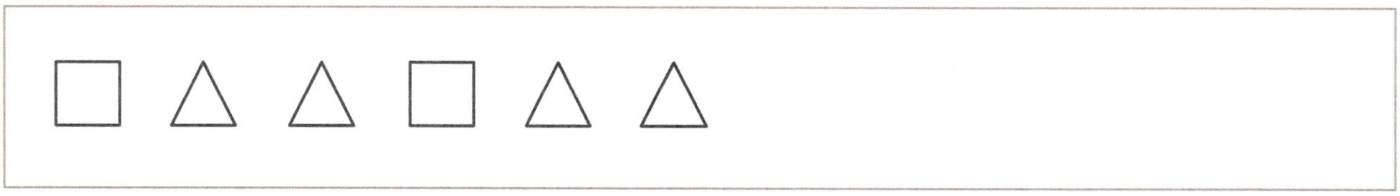

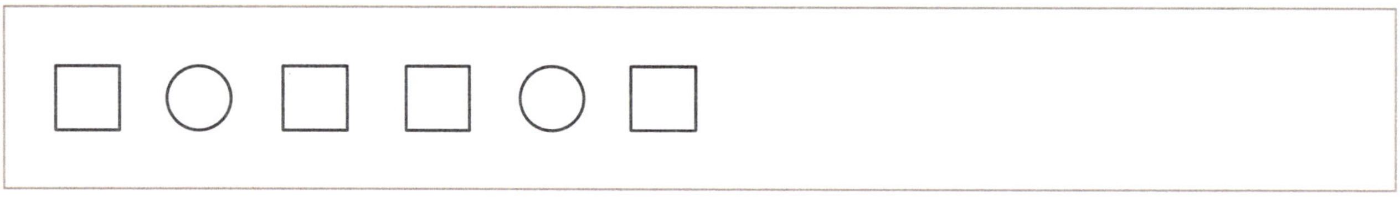

2

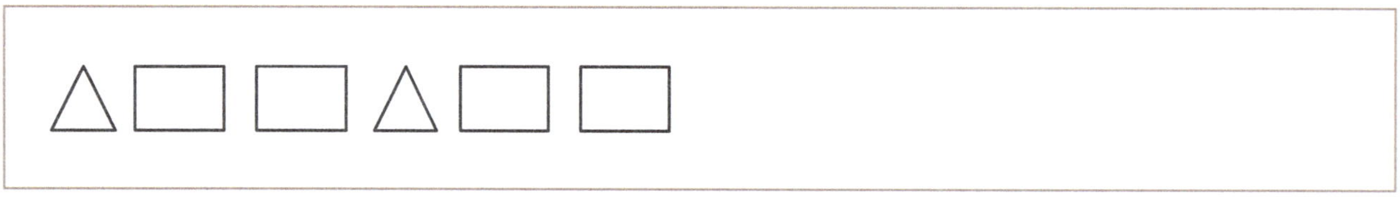

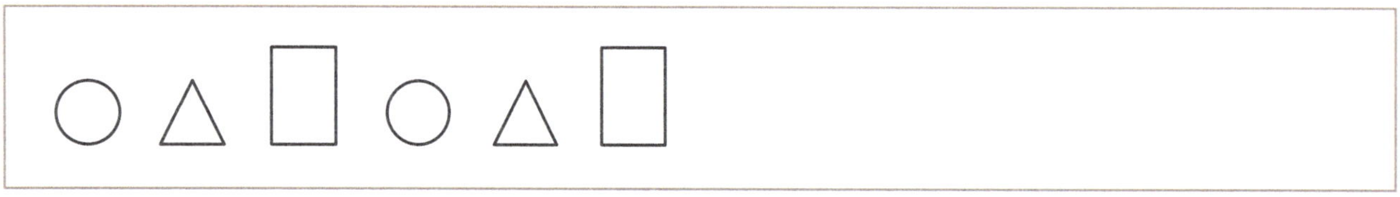

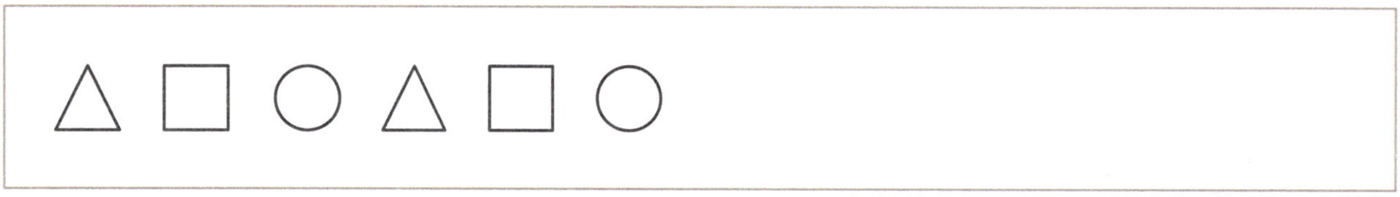

Freihandzeichnen.

1

die Wassermelone

der Würfel

der Holzwürfel

die Box

die Kugel

der Schuhkarton

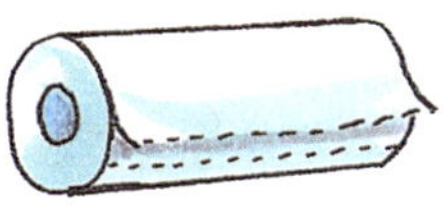

die Küchenrolle

der Quader

der Volleyball

das Puzzle

der Zylinder

der Klebestift

Gegenstände den passenden geometrischen Körpern zuordnen.

1

das Geschenk

der Würfel

der Ziegelstein

der Hut

die Kugel

der Spielwürfel

der Tischtennisball

der Quader

der Flummi

das Toilettenpapier

der Zylinder

das Buch

Gegenstände den passenden geometrischen Körpern zuordnen.

1

die Milchtüte

das Handy

rollt

die Kerze

der Ball

kippt

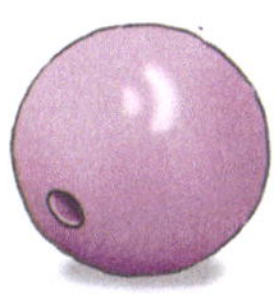
die Perle

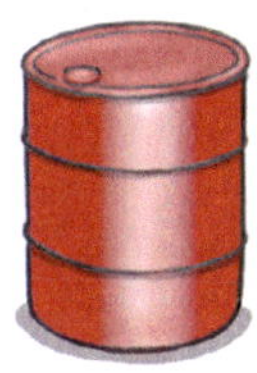
die Tonne

rollt und kippt

die Dose

die Box

1 Von welcher Seite sind die Ansichten gezeichnet?

a)

 von oben

 von ____

b)

 von ____

 von ____

c)

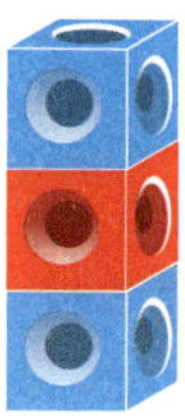

 von ____

 von ____

d)

 von ____

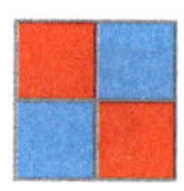 von ____

Evtl. Material nutzen.

1 Von welcher Seite sind die Ansichten gezeichnet?

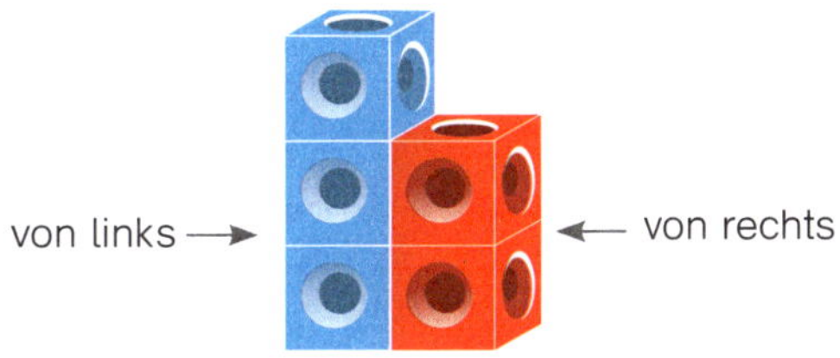

a) 

 von rechts

 von ________

b) 

 von ________

 von ________

c) 

 von ________

 von ________

d) 

 von ________

 von ________

Evtl. Material nutzen.

1 Baue die Würfelgebäude nach.

a) 

b) 

c) 

d) 

e) 

f) 

g) 

h) 

QR-Code: Erklärvideo nutzen.
Material nutzen, eigene Würfelgebäude bauen.
Bauregeln beachten: Fläche an Fläche, Kante an Kante.

1 Schreibe die Baupläne zu den Würfelgebäuden.

a)

1	2

b)

c)

d)

2 Schreibe die Baupläne zu den Würfelgebäuden.

a)

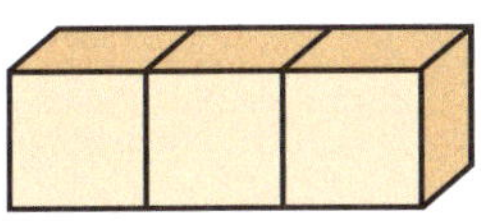

b)

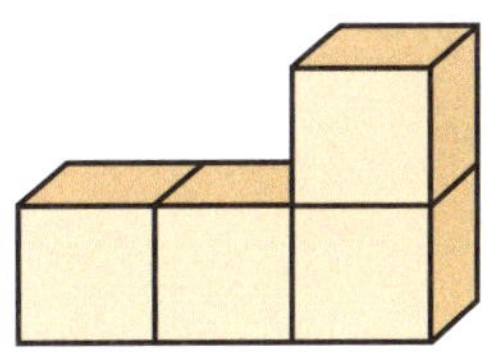

c)

d)

QR-Code: Erklärvideo nutzen.

1 Suche das Feld im Zooplan.

a) 

C4

b) 

___

c) 

___

d) 

___

e) 

___

f) 

___

1 Suche das Feld im Zooplan.

a) 

A4

b) 

____

c) 

____

d) 

____

e) 

____

f) 

____

1 Welche Figuren sind achsensymmetrisch? Kreuze an.
Prüfe mit dem Spiegel.

A

B
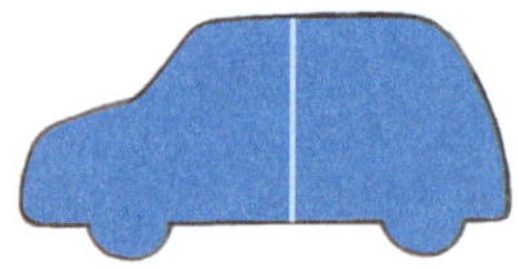

C

D

E

F

G
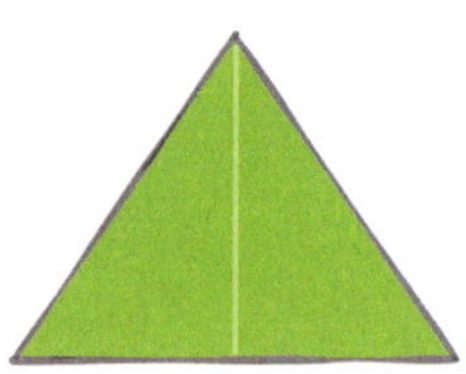

H

Symmetrie

Achsensymmetrie

1 Welcher Ausschnitt passt? Kreuze an.

a)

b)

c)

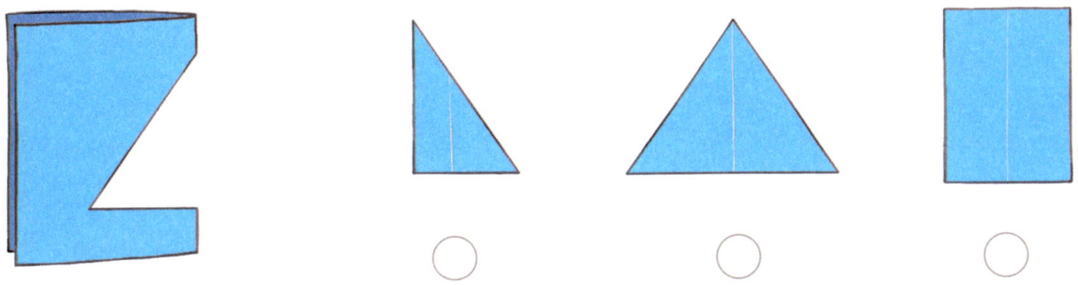

d)

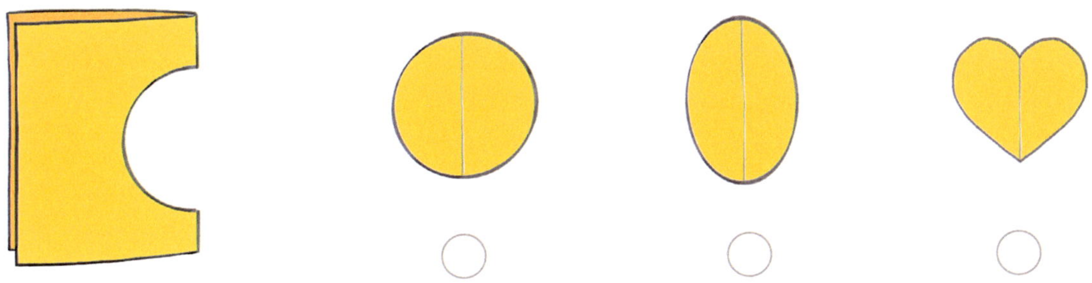

e)

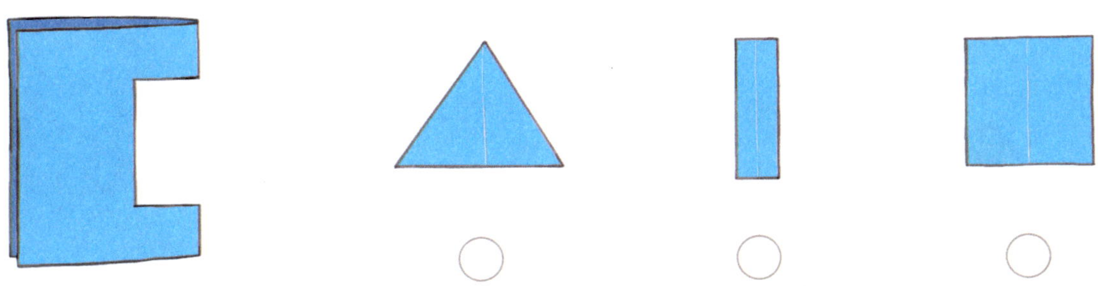

Die passende Faltfigur ankreuzen.
Evtl. mit dem Spiegel überprüfen und Faltfiguren aus Papier herstellen lassen.

1 Zeichne jeweils das Spiegelbild. Prüfe mit dem Spiegel.

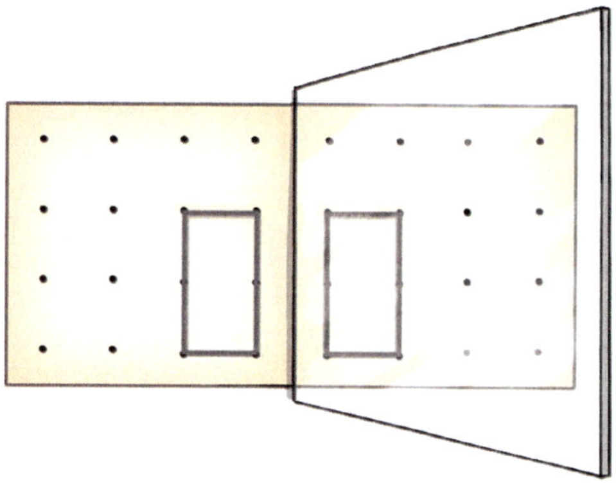

A

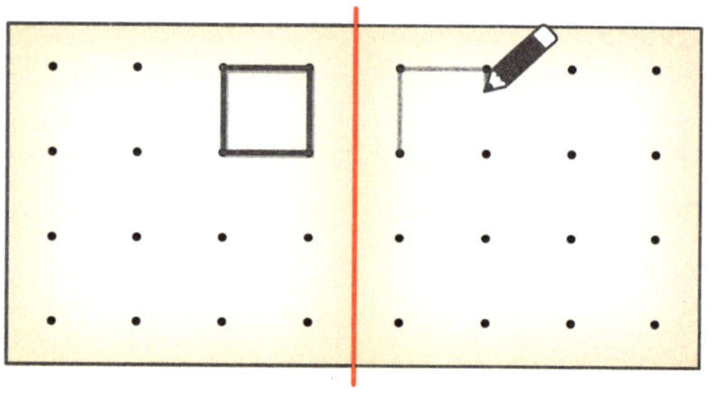

B

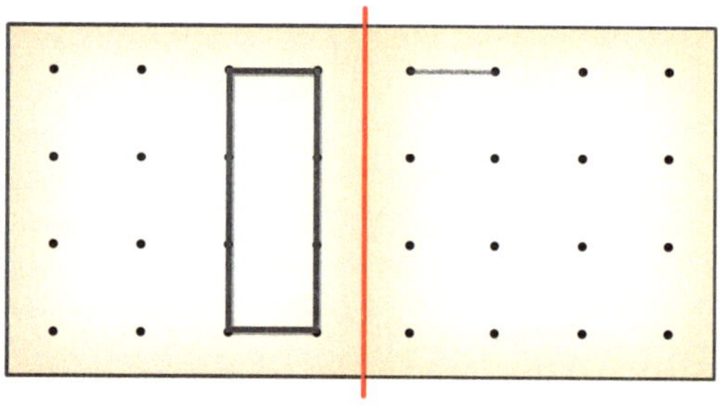

C

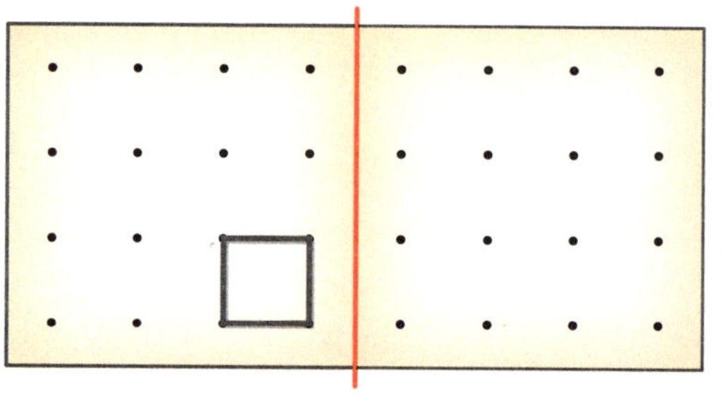

D

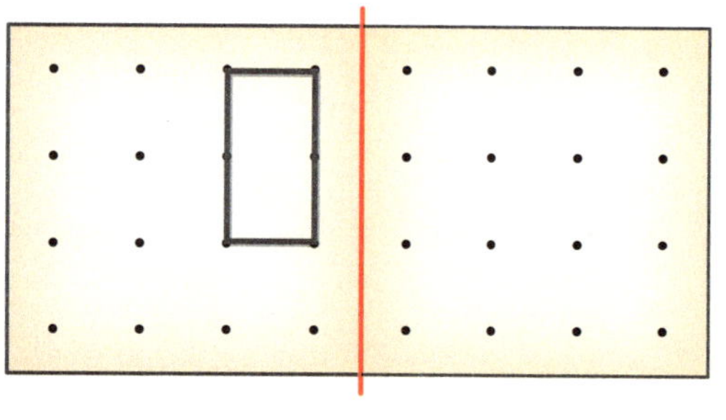

E

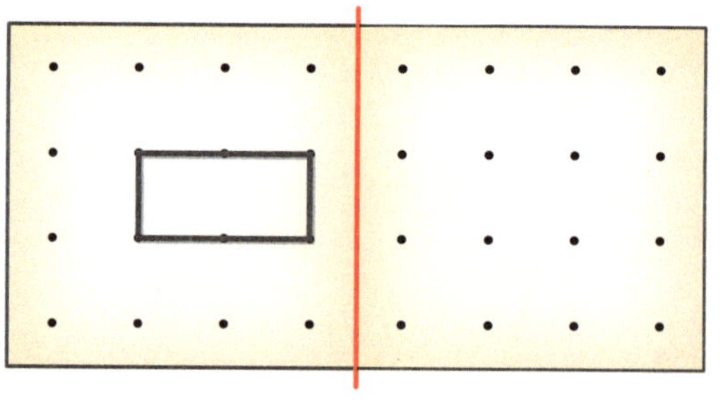

F

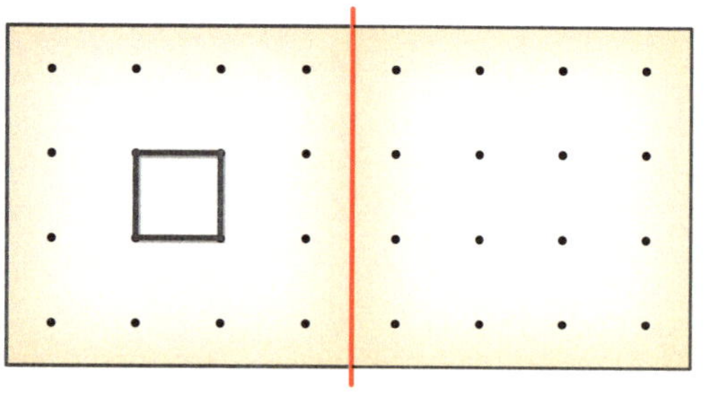

G

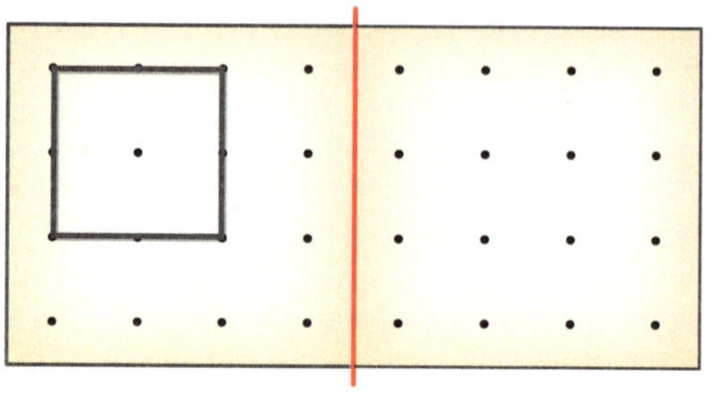

Evtl. Figuren nachspannen.
Spiegelbild freihand nachzeichnen.

Symmetrie
Spiegelbilder am Geobrett

1 Zeichne jeweils das Spiegelbild. Prüfe mit dem Spiegel.

A
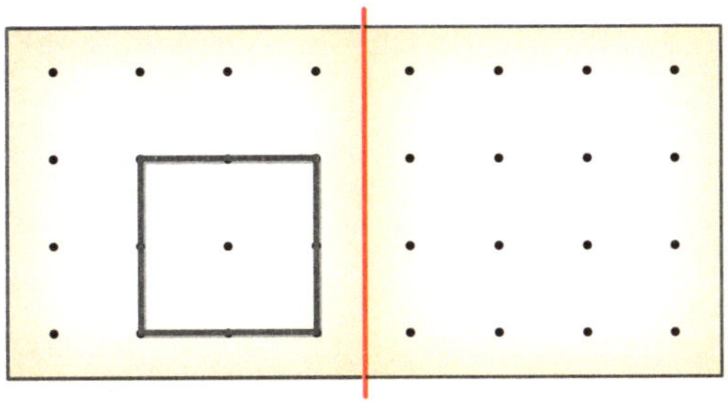

B
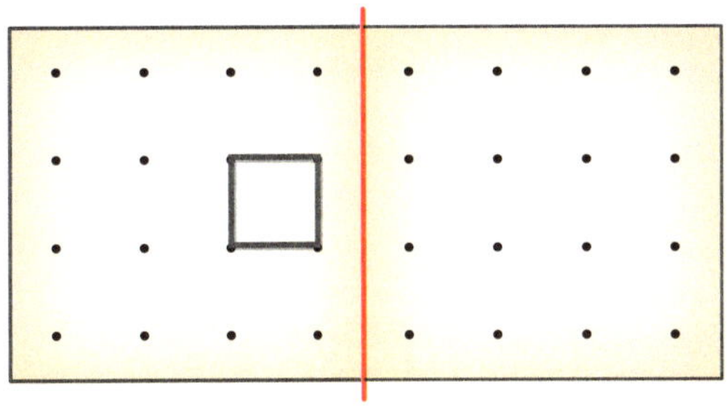

C
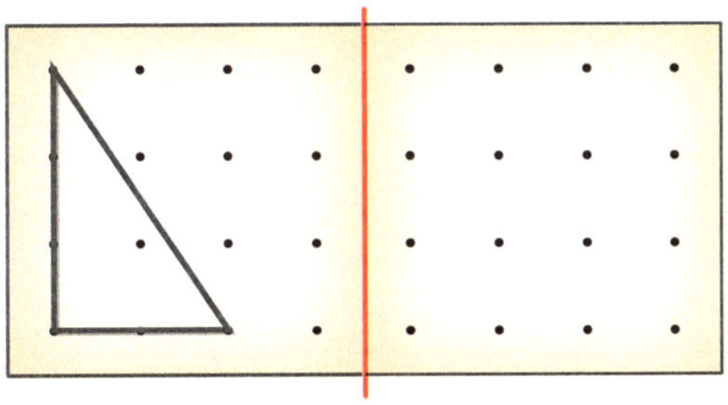

D
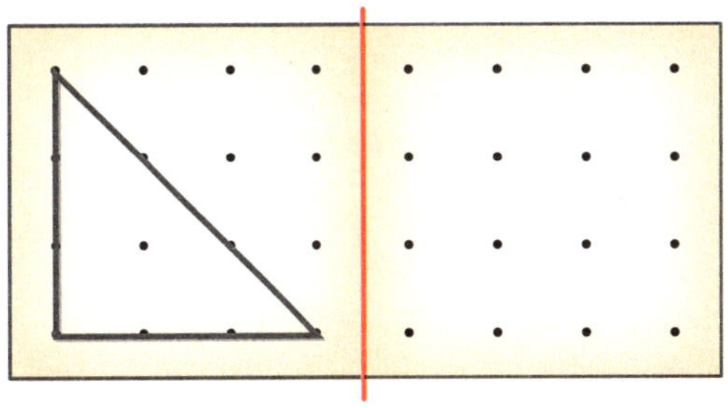

E
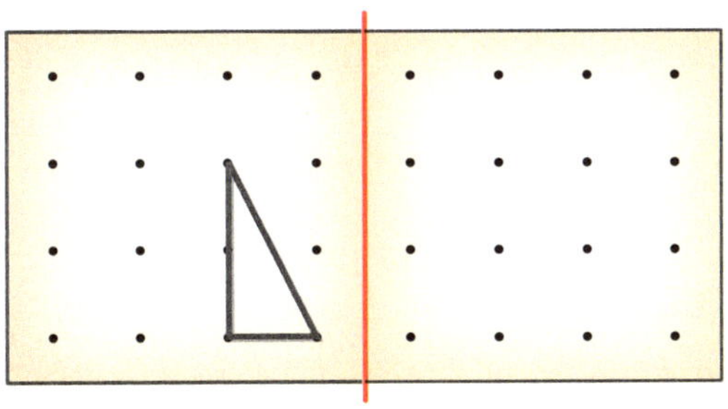

F
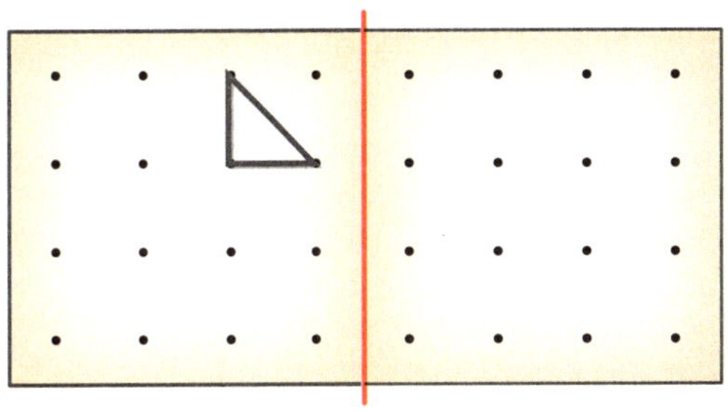

G
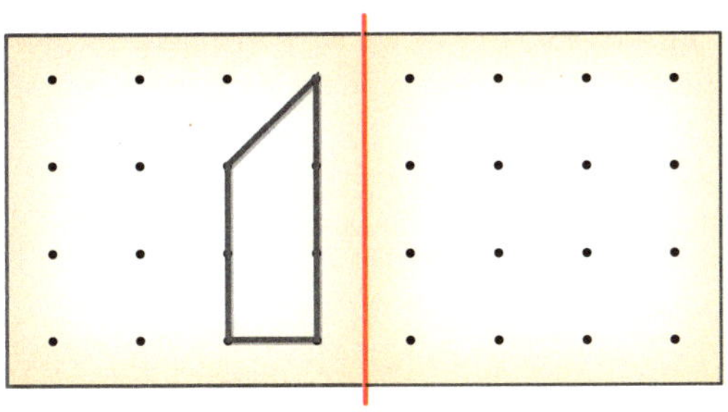

H
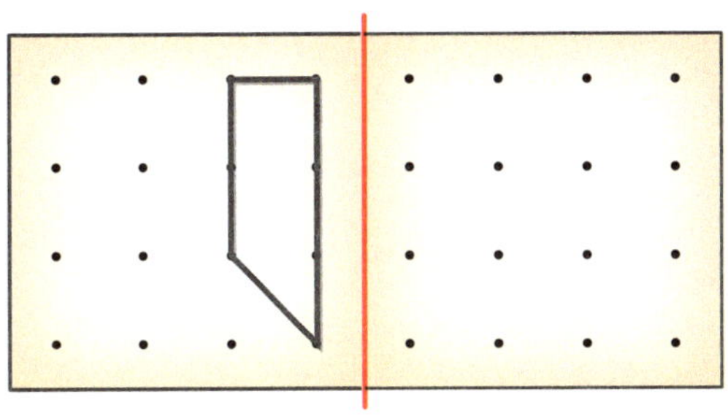

Evtl. Figuren nachspannen.
Spiegelbild freihand nachzeichnen.

1 Von rechts oder von links? Von welcher Seite sind die Ansichten gezeichnet?

a) 

 von ____________

 von ____________

b) 

 von ____________

 von ____________

2 Schreibe die Baupläne zu den Würfelgebäuden.

a) 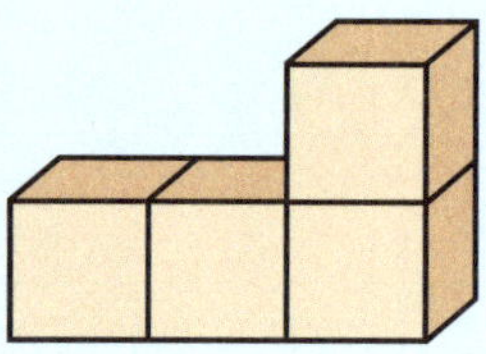

b) 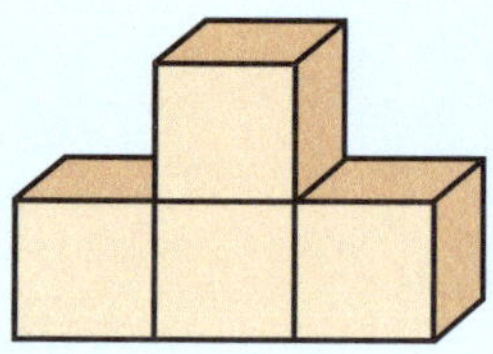

3 Zeichne jeweils das Spiegelbild.

A 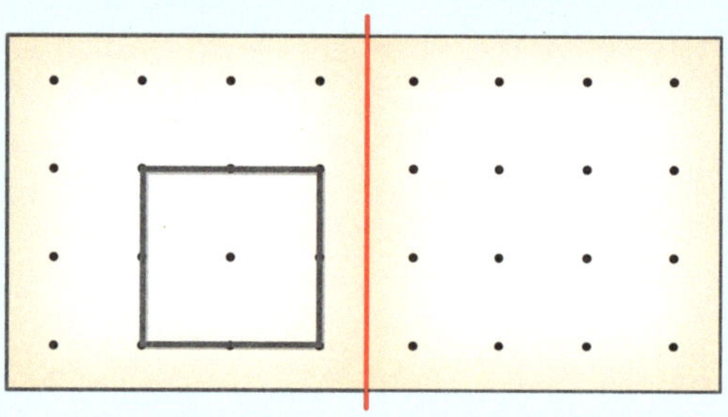

B 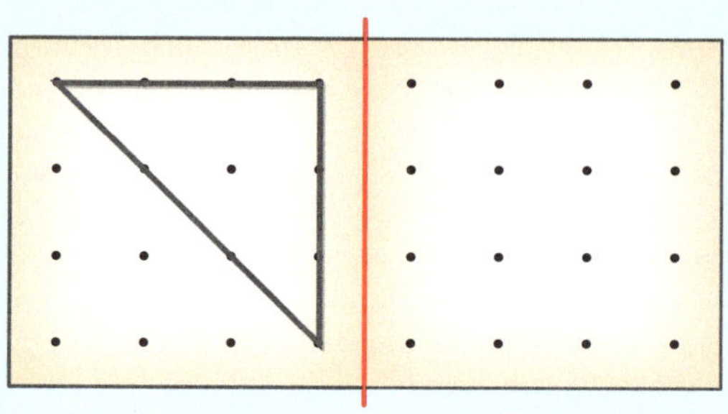

Zuerst Aufgaben lösen, dann selbst einschätzen.